"Der einzige Weg,
großartige Arbeit zu leisten,
besteht darin,
zu lieben, was du tust."
- Steve Jobs

"Glaube an dich selbst
und du wirst Unvorstellbares
erreichen."

"Erfolg kommt nicht zu dir,
du musst ihm entgegengehen."

"Das Geheimnis des Erfolgs ist,
den ersten Schritt zu wagen."

"Deine Träume

sind der Anfang

aller Möglichkeiten."

"Der einzige Moment,
in dem du aufgeben solltest,
ist der Moment,
in dem du den Erfolg
erreichst."

"Das Leben
belohnt die jenigen,
die mutig genug sind,
ihr eigenes Schicksal zu
gestalten."

"Die größte Belohnung
liegt oft jenseits
der größten Angst."

"Erfolg ist keine Glückssache,
sondern das Ergebnis
von Ausdauer und harter
Arbeit."

"Sei der Grund,

warum jemand heute lächelt."

"Die einzige Person,
die dich daran hindern kann,
deine Ziele zu erreichen,
bist du selbst."

"Deine Einstellung bestimmt
deine Richtung."

"Der Weg zum Erfolg ist
mit Steinen gepflastert,
aber jeder Stein
ist eine Lektion wert."

"Lass nicht zu,
dass dein Traum zur Illusion
wird. Verfolge ihn mit
Leidenschaft."

"Das Geheimnis
des Fortschritts besteht
darin,
den ersten Schritt zu
machen."

"Du bist stärker,
als du denkst."

"Die einzige Grenze,
die es im Leben gibt, ist die,
die du selbst setzt."

"Große Träume erfordern große Entschlossenheit."

"Erfolgreiche Menschen
sind nicht anders als du,
sie tun nur Dinge anders."

"Denke groß,
arbeite hart, träume mutig."

"Der Anfang ist immer
der schwerste Teil,
aber bleib dran
und du wirst es schaffen."

"Hindernisse sind das,
was du siehst,
wenn du den Blick v
on deinem Ziel abwendest."

"Das Leben ist zu kurz
für Selbstzweifel.
Glaube an dich
und gehe deinen Weg."

"Jeder Tag ist eine neue
Chance,
um das Beste
aus dir herauszuholen."

"Erfolg ist kein Zufall,
sondern das Ergebnis
von Entschlossenheit und
Hingabe."

"Dein einziger Wettbewerber
bist du selbst.
Strebe danach,
eine bessere Version
von dir zu sein."

"Lass deine Träume größer

sein als deine Ängste

und

deine Handlungen lauter

als deine Worte."

"Gib niemals auf.
Große Dinge brauchen Zeit."

"Das Leben belohnt die jenigen,

die den Mut haben,

über ihre Grenzen

hinauszugehen."

"Kleine Schritte
führen
zu großen Veränderungen."

"Erfolg ist das Ergebnis
von Ausdauer,
Beharrlichkeit und dem
Glauben
an sich selbst."

"Glaube an deine Fähigkeiten
und du wirst
Unmögliches möglich machen."

"Das Leben ist ein Abenteuer.
Wage es, alles zu geben."

"Träume nicht dein Leben,

sondern lebe deinen Traum."

"Es ist nie zu spät,
das zu sein,
was du hättest sein können."

"Erfolg ist kein Ziel,
sondern eine Reise.
Genieße jeden Schritt
auf dem Weg."

"Hinterlasse Spuren,

keine Staubwolken."

"Erfolg ist das Ergebnis
von Entschlossenheit,
Disziplin
und
unermüdlichem Einsatz."

"Wenn du aufgibst,
verlierst du automatisch.
Halte durch und
du hast eine Chance, zu
gewinnen."

"Sei dankbar für das,
was du hast,
und kämpfe für das,
was du erreichen möchtest."

"Der einzige Unterschied
zwischen einem gewöhnlichen
und einem
außergewöhnlichen Leben
ist der Mut, Risiken
einzugehen."

"Deine Träume sind
der Kompass,
der dich zum Erfolg führt."

"Die größten Erfolge
entstehen
aus den größten
Herausforderungen."

"Sei nicht nur ein Träumer,
sondern ein Umsetzer."

"Habe keine Angst vor Fehlern, sondern sieh sie als Chancen zum Lernen und Wachsen."

"Die größte Belohnung
liegt oft am Ende
der schwierigsten Reise."

"Erfolg ist das Ergebnis von hartem Arbeiten, Ausdauer und niemals nachlassendem Einsatz."

"Lass dich nicht
von Rückschlägen entmutigen.
Sie sind Teil
des Weges zum Erfolg."

"Du bist der Schöpfer
deines eigenen Glücks.
Nutze deine Energie,
um das Leben zu gestalten,
von dem du träumst."

"Der größte Erfolg liegt oft
auf der anderen Seite der
Angst.
Wage den Sprung und
entdecke, wozu du wirklich
fähig